JN121357

# 働く人のため

# 転ばぬ先の
# からだづくり

中央労働災害防止協会

# はじめに

　あなた自身、何もないところで転んでしまったり、つまずいてしまったりした経験はありませんか？

　自分にはまだ関係ないと思う方もいるかもしれませんが、転倒災害は若い世代からベテラン世代まで年齢に関係なくおきています。

　近年、転倒災害が非常に増えています。死傷災害発生数の推移を見ると、かつては「墜落・転落」「はさまれ・巻き込まれ」が多かったのですが、平成17年以降「転倒」が増加して、今では、労働災害全体の4分の1を占めています。また、中・高年齢者の転倒は骨折等につながりやすく、長期休業の傾向となっています。

　転倒予防には環境面からの対策と、自分自身でできる対策があります。

　本書では、環境要因だけでは解決できない、身体的要因による転倒予防を中心に解説します。まずは今すぐできる対策として、転びにくいからだづくりをしていきましょう。

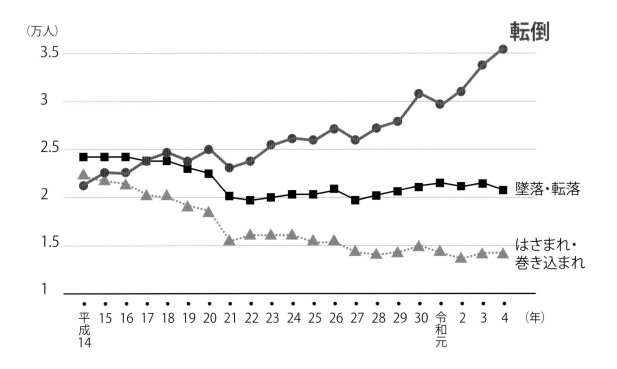

死傷災害発生数の推移（全産業）
（休業4日以上）

出典：厚生労働省「労働者死傷病報告」

とあるスーパーの休憩室。店長さんとベテランの五十嵐さんとパートの三重さんが話しています。

そういえば三重さん。この前、何もないところでつまずいていましたよね?

店長に見られていましたかー!

あちゃ〜

そういえば最近よくつまずいちゃうんですよね。

三重さんはまだそんな年齢じゃないでしょう?

えっ!

五十嵐さんも?

私はしょっちゅう足がもつれているけど。

転倒は年齢に関係なくおきています。物が通路にはみでていたり、段差があるとつまずいたりするでしょう。まずはそういう環境を失くすことが大事なんだ。

あっ

4S※は大事!!

それでもつまずいたときにからだが自由に動かせないと、大ケガにつながりやすいんだ。長期休業になると大変だよね。

だからみんなも気を付けてね。

転びにくい"からだ"だね

年齢って関係ないの?

あれ? 他人事じゃないな。

転びにくい"からだ"? どうすればいいの?

※4Sとは、整理・整頓・清掃・清潔のこと。

**このように転倒災害はどんな世代の人でも身近に起きうる災害です。**

# Q1 最近何もないところでも つまずくことがあるけど、大丈夫でしょうか？

## A1 もしかすると、筋力や平衡感覚などの身体能力が落ちてきているかもしれません。

## 転倒とは

労働災害の分類では「人がほぼ同一平面上で転ぶ」場合、
あるいは「つまずき」または「滑り」により倒れた場合をいいます。
転倒に影響する主な要因は大きく2つに分けられます。

## 転倒の要因

| 内的要因 （身体や年齢など主に個人の要因） | 外的要因 （環境に関係する要因） |
|---|---|
| ・身体機能の低下要因（視機能の低下など） | ・通路 |
| ・視野を妨げる要因（手荷物、筋肉などの衰えなど） | ・階段 |
| ・病気 | ・段差 |
| ・治療薬 | ・照明 |
| ・その他の身体内部要因 | ・手すり |
| ・歩行状態 | ・床面の摩擦 |
| ・服装・履物 | など |

参考：中央労働災害防止協会「転びの予防と簡単エクササイズ」を基に作成

環境整備を整えても、何もないところでつまずいたり、転びやすくなっていたりするようであれば、内的要因が影響しているかもしれません。

# 転倒のリスクの傾向

　男女ともに年齢が上昇すると転倒のリスクは上がってきます。また、骨密度の低下が著しい中高年層の女性は、図のように労働災害の発生率が急激に上昇します。

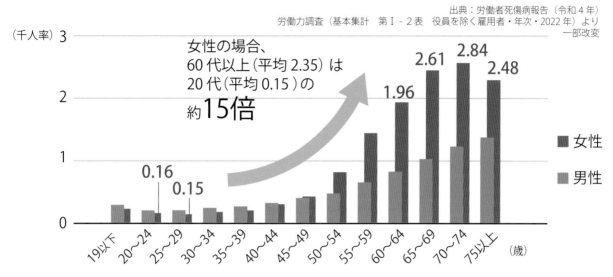

出典：労働者死傷病報告（令和4年）
労働力調査（基本集計　第Ⅰ-2表　役員を除く雇用者・年次・2022年）より
一部改変

（千人率）

女性の場合、
60代以上（平均2.35）は
20代（平均0.15）の
約**15倍**

0.16　0.15　1.96　2.61　2.84　2.48

19以下　20〜24　25〜29　30〜34　35〜39　40〜44　45〜49　50〜54　55〜59　60〜64　65〜69　70〜74　75以上（歳）

■ 女性
■ 男性

令和4年高年齢労働者の労働災害（転倒）発生状況（千人率）

## たった一度の転倒で寝たきりになることも……

　転倒によるケガとしては、骨折が7割以上を占めています。高齢化に伴い、骨密度の低下により骨折しやすいことがわかります。

　休業日数が1カ月を超えるような長期化になっている傾向があります。

50歳以上の女性における
転倒災害の傷病性質内訳

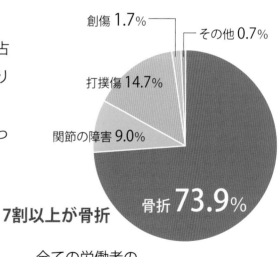

創傷1.7%　その他0.7%
打撲傷14.7%
関節の障害9.0%
骨折**73.9**%

**7割以上が骨折**

全ての労働者の
転倒災害による平均休業見込日数は
**47日**（令和3年）

出典：厚生労働省「第14次労働災害防止計画」2023より一部改変

**もし、加齢による変化を感じたら、「転びにくいからだ」づくりをより意識しましょう。**
**→Q3（p.8へ）**

# Q2 自分のからだがどれくらい転びやすいのかチェックしたいけど、どうすればいいの?

## A2 転倒などのリスクをセルフチェックする方法がいくつかありますのでご紹介します。

## 「ロコチェック」

　1つでも当てはまればロコモティブシンドローム（運動器症候群）の心配があります。日常生活の中でロコモの兆候がないかチェックしてみましょう。

1 ☐ 片脚立ちで靴下がはけない

2 ☐ 家の中でつまずいたりすべったりする

3 ☐ 階段を上がるのに手すりが必要である

4 ☐ 家のやや重い仕事が困難である（掃除機の使用、布団の上げ下ろしなど）

5 ☐ 2kg程度の買い物をして持ち帰るのが困難である（1リットルの牛乳パック2個程度）

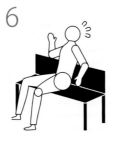

6 ☐ 15分くらい続けて歩くことができない

7 ☐ 横断歩道を青信号で渡りきれない

出典：日本整形外科学会：ロコモティブシンドローム予防啓発公式サイト　ロコモオンライン

詳しくはこちらのHPをご覧ください。
https://locomo-joa.jp/check/lococheck →

# 「転びの予防 体力チェック」

　歩行能力やバランス能力など自身の身体機能を確認する計測方法です。特別な器具などは必要なく、職場の会議室などのスペース（たたみ2畳分程度）で一人あたり15〜20分程度で行えます。

## 1

### 2ステップテスト（歩行の能力・筋力）

最大2歩幅でどのくらい進みますか

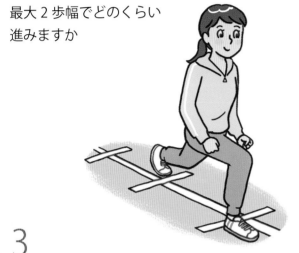

## 2

### 座位ステッピングテスト（敏捷性）

20秒間で何回開閉できますか

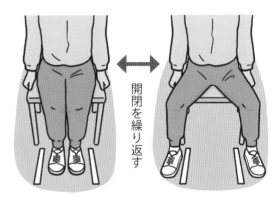

開閉を繰り返す

## 3

### ファンクショナルリーチ（動的バランス）

水平にどのくらい腕を伸ばせますか

## 4

### 閉眼片足立ち（静的バランス）

眼を閉じて
片足でどのくらい
立てますか

## 5

### 開眼片足立ち（静的バランス）

眼を開いて
片足でどのくらい立てますか

出典：中央労働災害防止協会「転びの予防 体力チェック」

詳しくはこちらの動画も活用ください。
https://www.jisha.or.jp/order/korobi/　→

# Q3 「転びにくいからだ」にしていきたいけれど、どうすればいいの？わたしにはまだ先の話じゃないの？

## A3 「転びにくいからだ」づくりの方法がいくつかありますのでご紹介します。

自分にはまだ関係ないということはありません。
早いうちから対策をしておくことで、
高年齢者になっても「転びにくいからだ」になります。

## なぜからだづくりが必要なの？

　転倒対策は、事業場が手すりの設置や4S（整理・整頓・清掃・清潔）などで転びにくい環境を整えることが必要であるのと同様に、働く人自身もリスクを減らすこと、いわば転びにくいからだづくりが重要です。からだを動かさないでいると、身体機能の衰えが転倒の原因となり、骨折などにつながりやすくなります。転んで骨折してからでは遅いのです。そこで、日頃から運動をしていると、転倒のリスクを減らすことがある程度可能になります。

## どうすればいいの？

　日常生活においてはウオーキングが効果的です。また、ストレッチ運動、ラジオ体操、ヨガ、太極拳なども有効です。
　また、転倒防止のために、バランスと筋力トレーニングを組み合わせた身体活動を行うこともおすすめします。

# 運動機能低下を防ぐためのエクササイズ

## ①柔軟体操

◉ **立ったままできる
　ストレッチ**

### 脚の後ろ

足を前後に開き、両手を前足の上に置いて、
後ろ足の膝を曲げる。

### ふとももの前

片手で壁などにつかまり、もう一方の手
は足の甲を持ち、かかとをお尻につける
ようにする。

### ふくらはぎ

足を前後に開き、両手で壁を軽く押しな
がら、後ろ足のかかとを床に押しつける。

# ◉ 座ったままできるストレッチ

## 胸・肩

椅子に浅く腰掛け、両手で背もたれを
つかみ、胸を張る。

## 背中

両手を組んで前へ伸ばし、おへそを
のぞきこむようにして背中を丸める。

## 上半身

両手を組んで上に伸ばしながら胸を張る。

## 腰

背中を伸ばしたまま、からだを後ろに
ひねり、背もたれをつかむ。

## わき腹

片手を上げ、肘をゆるめ横に倒す。

# ②筋力トレーニング

筋力トレーニングのポイント
・息を止めて行わない。基本的に力を入れる時に息を吐く
・運動の繰り返し回数は、まず一度に5〜10回繰り返せば十分
・力を入れている筋肉に意識を向ける

## ふとももの前
①脚を肩幅程度に広げ、背すじを伸ばして立つ。
②椅子に座るようにゆっくり膝を曲げ、元の姿勢に戻す。

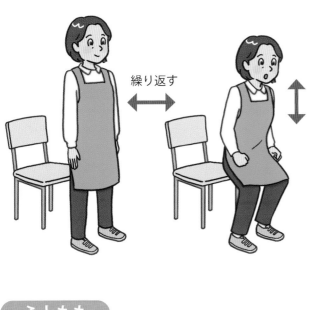

繰り返す

## ふとももの前
・膝とつま先が同じ方向を向くように行う。
・膝がつま先より前に出ないようおしりをつき出しながら曲げる。
・膝の角度を大きく曲げて行うことでトレーニングの強度が強くなる。

## ふともも
膝の曲げ伸ばしを行う。

## ふくらはぎ
椅子や壁につかまり、かかとの上げ下げを行う。

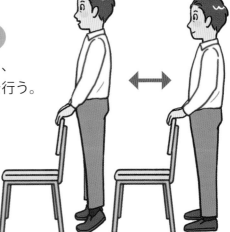

**頭ではわかっているけど……… なかなかできないものです。**

# 運動習慣を継続するための
# みなさんの身近な一工夫

30分に1回席を立つように
タイマーを設定して、
強制的に歩くようにしています。

トイレに行くときに
必ずスクワットを3回するように
しています。

スポーツジムに入会して、
会費を無駄にしないように
定期的に通うようにしています。
おかげで運動習慣がつきました。

休憩時間に職場の仲間と
YouTube動画にある
簡単なエクササイズをはじめました。
あまりのできなさ加減に
お互いゲラゲラ笑いながら
運動しています。

**おすすめ
動画**

毎日3分でできる転びにくいカラダをつくる
職場エクササイズ

【小売業】　https://youtu.be/H4w22KbCtzs?t=83

【飲食店】　https://youtu.be/FxpCe1ji1Xw?t=13

【社会福祉施設】https://youtu.be/8sQw_Ybq7r4?t=7

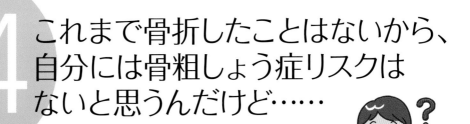

# Q4 これまで骨折したことはないから、自分には骨粗しょう症リスクはないと思うんだけど……

## A4 年齢が上がるにつれて骨量は低下していきます。

## 骨粗しょう症とは

　骨粗しょう症とは、骨の量（骨量）が減って骨が弱くなり、骨折しやすくなる病気です。

　高齢化に伴って骨粗しょう症にかかる人の数は増加傾向にあります。

　ぜひ高年齢女性は、市町村や健康保険組合などで実施している「骨粗しょう症検診」*でチェックして骨折予防につなげましょう。

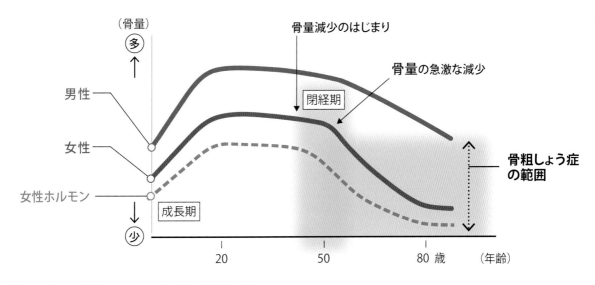

年齢と閉経に伴う骨量の変化（概念図）

出典：公益財団法人 骨粗鬆症財団
40歳からはじめる「骨粗しょう症検診」

---

### ＊「骨粗しょう症検診」

問診と骨量（骨密度）測定による検診です。
問診では、月経や病歴、食事や運動などの生活習慣をたずねます。
骨量の測定はかかとの骨を超音波で測る方法や、手のひらや腕をX線撮影する方法などがあります。
測定時間は、測定機種によって異なり１〜８分程度ですが、痛みはありません。

# あなたの骨の健康度をチェック！

## チェックする

| | | |
|---|---|---|
| 1. | ☐ 牛乳、乳製品をあまりとらない | ……………**2点** |
| 2. | ☐ 小魚、豆腐をあまりとらない | ……………**2点** |
| 3. | ☐ たばこをよく吸う | ……………**2点** |
| 4. | ☐ お酒はよく飲む方だ | ……………**1点** |
| 5. | ☐ 天気のいい日でも、あまり外に出ない | ……………**2点** |
| 6. | ☐ 体を動かすことが少ない | ……………**4点** |
| 7. | ☐ 最近、背が縮んだような気がする | ……………**6点** |
| 8. | ☐ 最近、背中が丸くなり、腰が曲がってきた気がする | ………**6点** |
| 9. | ☐ ちょっとしたことで骨折した | ……………**10点** |
| 10. | ☐ 体格はどちらかと言えば細身だ | ……………**2点** |
| 11. | ☐ 家族に「骨粗しょう症」と診断された人がいる | ……………**2点** |
| 12. | ☐ 糖尿病や、消化管の手術を受けたことがある | ……………**2点** |
| 13. | ☐ （女性）閉経を迎えた　（男性）70歳以上である | ……………**4点** |

| 合計 |
|---|
| 点 |

## 集計する

### あなたの骨の健康度集計結果

**2点以下**　今は心配ないと考えられます。これからも骨の健康を維持しましょう。改善できる生活習慣があれば、改善しましょう。

**3点以上**　骨が弱くなる可能性があります。気を付けましょう。

**6点以上**　骨が弱くなっている可能性があります。注意しましょう。

**10点以上**　骨が弱くなっていると考えられます。一度医師の診察を受けてみてはいかがですか。

出典：林 泰史先生考案「骨の健康度チェック」公益財団法人 骨粗鬆症財団企画「骨粗鬆症 検診・保健指導マニュアル第2版」2014

# 予防方法

## ○食事に気を付ける

**カルシウムを十分にとる**……牛乳・乳製品、大豆製品、魚介類、野菜・海藻類

**ビタミン D、ビタミン K をとる**……魚介類、野菜、きのこ類など

**適量のタンパク質をとる**……肉類、卵、大豆製品など

## ○禁煙する

## ○アルコールは控えめにする

## ○運動をする

（ウオーキング・筋力トレーニングなど）

## ○日光浴をする

夏：木陰で 30 分ほど

冬：1 時間程度

## 骨を強くするためにも運動をしましょう！

　骨粗しょう症を予防するためには、カルシウムの摂取と日光浴に加えて、ウオーキングや筋力トレーニングなどの骨に刺激が加わる運動がおすすめです。

　骨は腱を介して筋肉につながっていて、ウエイトマシンなどを利用して行う筋力トレーニングなどは、筋肉が強く収縮して骨に直接刺激を与えるため効果的です。

　最初は 11 ページの自分の体重を負荷にする（自体重）筋力トレーニングからはじめてみてください。

**100年ライフ 安全・健康に働く④**
**働く人のための 転ばぬ先のからだづくり**

令和 5 年 10 月 31 日　第 1 版第 1 刷発行

編　者　中央労働災害防止協会
発行者　平山　剛
発行所　中央労働災害防止協会
　　　　〒 108-0023　東京都港区芝浦 3-17-12 吾妻ビル 9 Ｆ
　　　　ＴＥＬ　〈販売〉03-3452-6401
　　　　　　　　〈編集〉03-3452-6209
　　　　ホームページ https://www.jisha.or.jp/
印　刷　新日本印刷株式会社
イラスト　福場さおり
デザイン　スタジオトラミーケ
○乱丁・落丁はお取り替えします。
©JISHA 2023　21636-0101
定価　352 円（本体 320 円＋税 10％）
ISBN978-4-8059-2130-2
C3060 ¥320E